PROCÈS - VERBAL

DE L'OUVERTURE SOLENNELLE

DE L'ÉCOLE DE DROIT

DE DIJON;

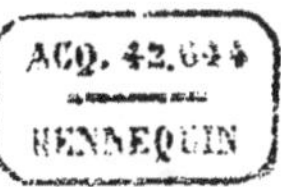

Avec les Discours qui y ont été prononcés.

PROCÈS - VERBAL

DE L'OUVERTURE SOLENNELLE

DE L'ÉCOLE DE DROIT

DE DIJON.

Cᴇᴊᴏᴜʀᴅ'ʜᴜɪ vingt-un novembre mil huit cent six, à une heure après midi, en exécution de la délibération du Conseil de discipline de l'Ecole de droit de Dijon, du 17 du courant, il a été procédé, en la grand'salle de la Cour de justice criminelle de cette ville, à l'ouverture solennelle de ladite Ecole, de la manière suivante:

Messieurs les Membres du Conseil de discipline se sont réunis dans la place distinguée que la loi leur assigne aux actes publics de l'Ecole, les Magistrats sous leurs costumes, et Mʳˢ. *Bouchard* et *Jacquinot* en costume de Docteurs.

M. le Préfet et M. le Maire, les Chefs des Autorités tant civiles que militaires et ecclésiastiques, les Membres des Cours d'appel et de justice criminelle, les Conseillers et Secrétaire général de Préfecture, les Juges de paix, les divers Administrateurs du Domaine, les Membres du Jury médical, etc. etc., se sont également réunis dans la salle, et ont été placés chacun suivant les rangs que la loi assigne aux fonctionnaires dans les cérémonies publiques.

Enfin, une grande affluence de Citoyens et d'Elèves a rendu l'assemblée aussi nombreuse qu'elle a été intéressante.

M. LESAGE, Membre du Conseil de discipline, nommé pour présider en remplacement de M. VIRELY, Doyen d'honneur, absent pour cause de maladie, a ouvert la séance par un premier Discours.

Ensuite M. PROUDHON, Directeur de l'Ecole, en a prononcé un second ;

Et M. GUILLEMOT, Professeur de Droit romain, un troisième en langue latine.

Ces Discours, entendus dans le plus profond silence, ont tous excité un vif intérêt dans l'assemblée, et ont été suivis des accens de la reconnoissance générale envers l'auguste Monarque des Français.

Après quoi la séance a été levée, au milieu des cris répétés de *Vive NAPOLÉON-LE-GRAND! vive l'EMPEREUR!*

Signé LESAGE, Président.

PROUDHON, Directeur.

GUILLEMOT,
GUICHON, } Professeurs.
PONCET,

JACOTOT, } Suppléans.
LADEY,

VERNISY, Secrétaire.

DISCOURS

D'OUVERTURE,

PRONONCÉ par M^r. LESAGE, Juge en la Cour d'appel, Membre du Conseil de discipline, nommé pour présider la séance, en remplacement de M^r. VIRELY, Doyen d'honneur, absent pour cause de maladie.

MESSIEURS,

L'ÉTABLISSEMENT d'une Ecole de droit dans cette capitale, est un bienfait du Gouvernement; et les mesures qu'il a prises dans sa sagesse pour le former, en ont assuré, à l'instant où il l'a été, l'utilité et la stabilité.

Des Administrateurs sages, des Conseils éclairés, des Professeurs qui, par une longue expérience, ont acquis les connoissances nécessaires pour l'instruction de la jeunesse, et qui marcheront sur les traces des grands hommes qui les ont précédés; des Magistrats distingués, chargés de la surveillance de l'Ecole, voilà quels en ont été les fondemens; et d'après des bases aussi solides, et sous des auspices si favorables, il est à croire qu'elle aura bientôt la même renommée, la même célébrité qu'avoit celle à laquelle elle va succéder.

Heureux, Messieurs, d'avoir pu nous-mêmes concourir à l'organisation d'un établissement qui présente de si grands avantages; plus heureux encore si les effets qu'il doit produire dans l'intérêt de la ville comme dans celui de l'instruction publique, remplissent les vues paternelles et bienfaisantes du Monarque auquel nous en sommes redevables; de ce Héros dont les victoires comme les bienfaits doivent exciter notre admiration, notre amour et notre reconnoissance.

Jeunes Elèves! une carrière brillante s'ouvre pour vous; vous y trouverez des épines, mais ne vous découragez pas; le fondateur de l'Ecole vous donne lui-même l'exemple de la force et du courage; il vous fraie le chemin des honneurs dus aux sciences et aux arts, dont il est le protecteur. Ce ne seront pas des ennemis que vous aurez à combattre; ce ne seront pas non plus des lauriers militaires qui vous couronneront : tranquilles dans vos foyers et dans le calme, vous n'aurez à triompher que de vous-mêmes, qu'à vaincre les difficultés que peut avoir la nouvelle législation; vous lirez la loi, vous l'étudierez, vous ferez vos efforts pour en bien saisir le sens et l'esprit, et pour en être un jour les organes et les interprètes : comme Magistrats, comme Jurisconsultes, vous jouirez de la considération, de la confiance publique, et vous deviendrez, par vos talens et par vos vertus, des hommes non moins chers à l'Etat que peuvent l'être, par leur valeur, ceux qui, les armes à la main, en sont aujourd'hui les défenseurs.

DISCOURS

PRONONCÉ par Mr. PROUDHON, Directeur de l'Ecole de droit.

MESSIEURS,

UNE cité, fameuse par son goût pour les sciences, qui voit renaître dans son sein, les institutions auxquelles elle dut son ancienne splendeur, ne sauroit être indifférente sur une époque aussi mémorable que celle de l'ouverture solennelle de son Ecole de droit.

Pour les hommes adonnés à l'étude des arts, nul intérèt ne peut être plus cher que la gloire d'en rétablir le culte parmi eux : et ce concours universel de Magistrats et de Citoyens de tous les âges, qui, se pressant à l'inauguration de cette Ecole, viennent exciter notre zèle, nous prouve que la ville de Dijon est toujours digne de sa célébrité pour l'instruction publique.

Comme les autres villes qui possédoient de grands établissemens, elle a eu à gémir d'en être privée pendant les temps d'orages dont nous sommes si heureusement sortis.

Quelques instans avoient suffi pour tout détruire, parce que la destruction ne fut que l'effet de la violence, et que la violence ne connoît point de règle dans ses mouvemens; mais il a fallu du temps pour rétablir, parce que la création ne peut être que le fruit des lentes combinaisons de la sagesse.

La France, toujours victorieuse des nations coalisées contre elle, et toujours déchirée par ses propres mains; terrible pour les autres, et presqu'anéantie pour elle-même; glorieuse par ses conquêtes, et plus malheureuse encore par son état d'anarchie, réclamoit l'assistance d'un génie réparateur et puissant, pour la tirer du chaos où la révolution l'avoit plongée.

L'auteur de sa gloire devoit être aussi celui de son bonheur; il n'appartenoit qu'au Héros qui tant de fois avoit conduit ses légions à la victoire, d'être encore son libérateur : vainqueur des ennemis de l'état, et fort de la reconnoissance nationale, lui seul pouvoit encore triompher de nos dissentions.

Ministre de la providence divine, rien ne résiste à l'ascendant du pouvoir dont elle l'a revêtu : à sa voix l'ordre succède à la confusion; nos discordes civiles sont éteintes, et le plus majestueux édifice s'élève où naguères nous n'apercevions que des ruines.

Comme nos factions intestines, les ennemis du dehors disparoissent à sa vue : vainement l'Italie, l'Allemagne et la Prusse appellent les hordes du nord contre la grande Nation; les victoires de Marengo, d'Austerlitz et d'Iena confondent leurs projets insensés; Naples est conquis sans efforts, et c'est à Berlin que le Vainqueur des Allemands et des Russes va célébrer l'anniversaire de la prise de Vienne.

Et c'est du milieu des camps et dans le tumulte des armes, que le génie infatigable de Napoléon-le-Grand étend encore ses soins sur tous les départemens de l'empire français; c'est à Munich qu'il forme l'Ecole de droit de Dijon; c'est à Ulm, à Braunaw et à Vienne; c'est à Weimar, à Mersbourg, à Postdam et à Berlin qu'il crée d'autres établissemens en France, ou nomme les fonctionnaires publics appelés à y concourir à tous les genres d'administration! Chacun de ses pas est signalé par une victoire sur les ennemis de la France , et tous ses jours sont marqués pour nous, par de nouveaux bienfaits !

Quel sera l'étonnement de nos neveux , en voyant tous ces monumens de notre histoire? Croiront-ils qu'un seul homme ait pu improviser les plans de campagnes les plus vastes ; conduire ses armées, comme à la course, d'une extrémité de la France à l'autre ; pénétrer, avec la même rapidité, jusqu'au fond de la Germanie; fondre par-tout à la fois sur les phalanges combinées des empires du nord, les anéantir, mettre les Rois à ses pieds, dispenser des couronnes, et en même temps étendre ses regards sur toutes les parties de l'administration , tout voir, tout ordonner, communiquer le mouvement, la vie, jusqu'aux points les plus éloignés de son vaste empire?

Mais que pourrions-nous dire sur ses faits héroïques, qui fût comparable à l'admiration qu'ils inspirent?

Quel orateur pourroit célébrer tant de bienfaits, sans affoiblir les sentimens d'amour et de reconnoissance que nous avons tous conçus pour la personne sacrée de cet illustre Monarque !

C'est sous de tels auspices que nous sommes appelés à concourir à la restauration de l'enseignement public en France. Quelle gloire seroit aussi la nôtre, si ces grandes pensées pouvoient nous élever à la hauteur des fonctions qui nous sont confiées, et si nous pouvions les remplir d'une manière digne de leur importance !

Tel est, Messieurs, l'avantage de l'instruction, que c'est par son secours que l'homme soumet à son usage et subjugue tous les autres êtres; c'est par elle qu'il peut se dire le roi de la nature, comme c'est par la supériorité de ses lumières que celui qui fut doué d'un génie extraordinaire, devient le roi de ses semblables.

C'est ainsi que s'accomplissent les décrets éternels du Créateur, qui, donnant à l'homme la raison pour guide, voulut aussi marquer à ce sceau, ceux qu'il destine à être l'image de sa puissance sur la terre.

Pourquoi les peuples du nord, naturellement si courageux et

3

tant de fois si funestes à ceux du midi, ne peuvent-ils plus résister à nos armées ?

Pourquoi, dans ces derniers temps, nos bataillons ont-ils, avec tant de supériorité, vaincu les leurs ?

Par quels moyens avons-nous tiré une si éclatante vengeance des maux que leurs barbares ancêtres firent autrefois à nos pères ?

N'en doutons point, Messieurs, c'est aussi la science qui a triomphé de la barbarie : tant de succès ne sont pas seulement dus à la valeur française, mais encore aux savantes combinaisons de notre tactique militaire, à l'habileté de nos Officiers, et aux profondes méditations du Héros qui les dirige. C'est ainsi que rien ne résiste à la toute-puissance de l'instruction, et qu'elle sera toujours la mère de la victoire.

Mais si l'auteur de la nature voulut attacher tant d'avantages à l'instruction, libéral sans être prodigue, il ne voulut pas également donner aux hommes les sciences qu'ils n'auroient pas cultivées.

Il donne à tous, en venant au monde, des facultés diverses destinées à être les instrumens de leur bonheur ; mais il veut qu'ils les cultivent afin d'y parvenir, comme pour le leur rendre plus cher, par la gloire de l'avoir acquis eux-mêmes.

Tous naissent avec une égale ignorance, mais capables d'apprécier, avec le temps, les objets qui les entourent, de comparer les rapports des choses, d'en tirer des conséquences qui les dirigent de progrès en progrès, pour améliorer leur sort ; mais combien les leçons de l'expérience seule seroient tardives, si chaque individu étoit son propre maître ? combien de fausses observations qui ne tendroient qu'à l'erreur ? combien d'épreuves funestes pour ne rien découvrir d'utile ? et comment l'homme abandonné à sa propre routine, pourroit-il mettre à profit les découvertes des autres ?

Ce n'est donc que par l'enseignement que l'homme peut acquérir tout le développement de ses facultés ; c'est à l'enseignement qu'il doit l'entier usage de sa raison ; c'est par le secours de l'enseignement que la science est transmise d'âge en âge, et devient le patrimoine commun du genre humain; c'est par l'enseignement que chaque individu s'enrichissant des connoissances des autres, reçoit les moyens d'en porter plus loin les résultats.

C'est enfin à l'enseignement seul que l'homme doit le degré d'indépendance qu'il peut avoir dans la société.

Celui qui ignore jusqu'aux premiers élémens des sciences, se trouve nécessairement dominé par tous ceux qui l'entourent; et si après avoir acquis les premières notions que personne ne doit ignorer, il veut faire un pas de plus dans le monde civil, que de fautes ne commettra-t-il point, dans quelque négociation qu'il entreprenne, s'il n'en connoît pas les règles? ne sera-t-il pas chaque jour entraîné dans des piéges inévitables? et combien son ignorance ne sera-t-elle pas plus pénible pour lui, que les travaux auxquels il eût été obligé de se livrer pour acquérir le bonheur de l'instruction?

Les avantages de l'enseignement considéré dans ses rapports généraux, sont donc immenses; mais quoique toutes les sciences aient leurs droits sur la masse de bonheur que leur ensemble produit pour nous, on ne peut disconvenir que celle de la législation ne doive occuper un des premiers rangs.

Si la force des armes peut conquérir et fonder des empires, il n'appartient qu'à la puissance des lois de les conserver.

L'état de société est nécessaire à l'homme, parce que nul individu ne peut se suffire à soi-même : tous sont obligés de se réunir, pour obtenir, les uns des autres, ce que chacun d'eux n'auroit pu se procurer seul.

Le sentiment de préférence que chacun a pour soi-même, inspire à tous l'esprit de propriété. Mais les vices des hommes les portant sans cesse à tous les genres d'excès, il faut une autorité publique pour préserver le bon des attaques du méchant, et empêcher le foible d'être dépouillé par le plus fort. La cupidité ne s'occupant qu'à perfectionner l'art de tromper, il faut aussi continuellement en prévenir et réprimer les écarts; et la propriété ne seroit elle-même qu'un principe d'anarchie, s'il n'existoit des règles pour l'acquérir, en jouir et la transmettre. Sans ces règles, les hommes ne se trouveroient réunis que pour se voir divisés : de là la nécessité des lois, pour conserver l'union entre ceux que les lois de la nécessité appellent à la vie sociale.

On peut donc dire que la science de la législation est véritablement la science de la société, et que, de toutes, c'est la plus importante à connoître, parce que les lois ignorées et méconnues seroient nécessairement sans empire, et que sans l'empire des lois, tout seroit dans l'anarchie.

Si de ces considérations générales sur la nécessité de cultiver la science des lois, nous passons aux réflexions que font naître les circonstances où nous nous trouvons aujourd'hui, combien ne devons-nous pas redoubler d'efforts pour propager l'étude de notre législation actuelle ?

Ce que nos pères ont tant desiré, nous l'avons enfin obtenu, l'unité de législation en France : désormais celui qui aura étudié les lois d'une province, ne sera plus étranger à la connoissance des lois d'une autre province ; le même Code les régit toutes.

Si nous comparons le double état de la France avant et après la révolution ; de la France auparavant régie par mille coutumes diverses, et aujourd'hui soumise au même Code : combien cette unité, qui doit nécessairement produire l'uniformité générale d'intérêts et de volontés, ne doit-elle pas augmenter la force et contribuer au bonheur du corps social ?

Ajoutons que la plupart de nos anciennes coutumes ayant été créées dans des temps de barbarie, une grande partie de leurs dispositions ne pouvoit plus convenir aux mœurs d'un peuple parvenu au dernier degré de la civilisation.

Depuis long-temps la philosophie s'indignoit de cette bizarrerie constitutionnelle, d'une nation décomposée de tant de manières, et vivant néanmoins sous un même chef ; d'une nation réunie par l'autorité, et divisée par ses lois.

Mais que pouvoient les vœux de quelques sages contre l'empire des habitudes ?

Qu'auroit pu l'autorité même des rois contre l'ascendant des classes privilégiées ?

Qu'auroit-elle pu contre la résistance des cours souveraines qui partageoient alors le pouvoir législatif ?

Qu'auroit-elle pu contre la foi des capitulations qu'ils avoient signées avec les diverses provinces, sur le maintien de leurs anciens usages ?

La révolution, qui d'ailleurs a causé tant de désastres, pouvoit seule nous donner l'unité de législation en France, parce qu'il n'appartenoit qu'à elle seule de confondre tous les élémens de l'ancien ordre des choses, pour identifier la nation avec elle-même.

Le Peuple français, que la nécessité de vaincre avoit réuni contre les ennemis du dehors, fut long-temps en butte à la fureur de tous les partis ; et la France, victorieuse de toute l'Europe, devoit encore triompher d'elle-même, en établissant dans sa législation l'unité déjà établie dans son gouvernement.

C'est alors qu'un génie heureux sut porter les premiers coups à cet état d'anarchie, en faisant sortir du foyer même de nos dissentions, les premiers élémens de notre Droit civil.

N'écouter que la raison au sein d'un bouleversement général ; tracer avec sagesse les préceptes de l'équité, au milieu des troubles où la justice n'avoit plus d'empire ; produire un chef-d'œuvre de précision et de clarté, lorsque toutes les notions paroissoient confondues ; ramener insensiblement le règne des principes, en fixant les esprits sur les maximes fondamentales d'une sage législation : tel fut l'ouvrage de l'illustre Magistrat, du profond Jurisconsulte que ses talens et ses services ont depuis élevé à la dignité de Prince français, et lui ont mérité l'éminente fonction d'Archichancelier de l'Empire.

Grâces soient aussi rendues au Solon du dix-neuvième siècle et aux membres de son Conseil d'état, qui par leurs méditations profondes ont conduit ce premier projet de notre Code, à son état de perfection.

C'est donc à la révolution que nous devons le bienfait du nouveau Code. S'il est vrai qu'elle nous a coûté trop de larmes, il est vrai aussi qu'elle a porté la gloire du nom français jusqu'aux extrémités du monde. Et lorsque nous tirons le voile sur nos maux passés, pour ne nous occuper que du bonheur que nous promettent les hautes destinées de la France ; si nous voyons ce rideau couvert des trophées de la victoire, nous y contemplons aussi, sous des couleurs non moins douces, les palmes du génie législateur, triomphant des usages gothiques de nos anciennes provinces.

Hâtons-nous donc, Messieurs, de jouir d'un bienfait si long-temps desiré, et qui ne pouvoit éclore que par une crise aussi douloureuse.

Hâtons-nous de réparer les années perdues pour l'instruction ; car, ne nous le dissimulons pas, si nous avons gagné dans le système législatif, nous avons perdu du côté des connoissances générales en cette matière. La révolution a moissonné une foule d'anciens Jurisconsultes et de Magistrats éclairés ; les Ecoles ont été fermées ou désertes pendant plusieurs années, et la science des lois a été négligée.

Puisque c'est aux nouvelles Ecoles à combler cette lacune, qu'il me soit permis, Messieurs, de vous entretenir encore quelques momens de leur organisation et de la tâche qu'elles ont à remplir.

Sans être détracteurs indiscrets des institutions qui nous ont précédés, ne pourrions-nous pas dire que les nouvelles Ecoles devroient obtenir, un jour, de grands avantages sur les anciennes ?

Placées sous la surveillance protectrice d'un Directeur général de l'instruction publique, elles doivent marcher d'un pas plus sûr vers le but de leur institution.

Annuellement inspectées de la part du Gouvernement, leur émulation doit être moins sujette à se ralentir.

C'est ainsi qu'en communiquant plus de vie à cette nouvelle institution, la loi la garantit mieux des atteintes du temps.

Mais si nous devons beaucoup espérer des sages combinaisons d'après lesquelles les nouvelles Ecoles ont été formées, combien ne devons-nous pas attendre des hommes célébres aux soins desquels elles sont confiées?

A quel degré de prospérité l'instruction publique ne doit-elle pas atteindre sous l'influence du savant dont le génie recula les bornes des sciences exactes, de l'orateur éloquent toujours occupé à instruire les autres de ses propres découvertes? (1)

Combien cette Ecole en particulier ne doit-elle pas de reconnoissance au savant Magistrat chargé de son inspection? que ne doit-elle pas attendre des lumières de ce Jurisconsulte que nous avons vu allier les mœurs les plus douces aux connoissances les plus étendues? (2)

C'est avec les conseils et sous la direction de ces illustres protecteurs, que nous entrons dans la carrière qui nous est ouverte aujourd'hui; mais qu'elle est vaste, et que de chemin nous avons à parcourir!

Eclairer les citoyens sur leurs droits envers le corps social, et leurs devoirs envers la patrie; former des Magistrats et des Jurisconsultes : voilà la fin de notre institution.

Elle embrasse donc l'enseignement du droit public et celui du droit privé;

Les droits du trône et de la famille impériale, sur lesquels repose tout le fondement de l'édifice;

Les droits et devoirs des citoyens envers le corps social;

Les divisions du territoire français; les fonctions des corps électoraux;

---

(1) M. *Fourcroy,* Conseiller d'état, Directeur général de l'instruction publique en France.

(2) M. *Vieillard,* Président de la Cour de cassation, Inspecteur général des Ecoles de droit.

Les pouvoirs constitués pour donner le mouvement au vaisseau de l'état ; leurs diverses attributions et leur compétence :

Telles sont les principales matières du traité sur le Droit public.

Quoique le Droit privé ne tienne pas immédiatement à des objets aussi élevés, l'étude n'en est pas moins nécessaire, et l'on peut dire qu'elle est plus indispensable encore, pour le grand nombre, par rapport à l'application qu'il en faut faire par-tout et dans tous les instans de la vie.

L'une et l'autre espèce diffèrent, quant à l'enseignement, en ce que le Droit public doit être enseigné dans toute sa pureté, tel qu'il existe, dégagé de tout système étranger au texte et à l'esprit des lois constitutionnelles : ici le passé n'est plus rien, parce que c'est la science positive de ce qui existe qu'on doit montrer.

Il n'en est pas de même du Droit privé : on sera, dans cette partie, long-temps obligé de parler de ce qui n'est plus; au moins en avertissant les Elèves des changemens qu'a subis la législation ancienne.

Tel est l'empire des lois, que se survivant à elles-mêmes, elles règnent encore lorsqu'elles ne sont plus, parce que les transactions doivent toujours être exécutées suivant les règles existantes au temps où elles ont été faites.

Dans l'enseignement des lois nouvelles, il faudra donc parler aussi des anciennes ; autrement l'instruction des Elèves ne seroit pas complète, et les fruits de leurs travaux seroient trop long-temps reculés.

Cette tâche, Messieurs, n'est pas la moins délicate et la moins pénible à remplir de la part du Professeur.

Le passage d'une législation à l'autre, est toujours l'époque de la crise la plus difficile.

Le nouveau Législateur ne veut pas plutôt soumettre tous les intérêts à sa volonté, que la loi ancienne vient, pour ainsi dire à chaque pas, lui disputer les fruits de sa victoire. Telle est la puissance de cette reine détrônée et souveraine encore, qu'armée du glaive de la justice , elle commande impérieusement l'exécution des traités souscrits sous son empire ; et dans la lutte de ce double règne, quand il faut décider s'il y auroit effet rétroactif en appliquant la loi nouvelle , les plus sages et les plus habiles ne savent souvent que douter.

La première partie de l'enseignement du Droit privé embrassera donc le Code civil avec les observations nécessaires sur le Droit ancien. Chacun des trois Professeurs chargés de cette tâche, doivent successivement la remplir dans le délai de trois années.

Mais quelque parfait que soit le plan de ce monument de la civilisation française, quelque sages qu'en soient les maximes fondamentales, gardons-nous de croire qu'il renferme tout ce qu'il faut savoir pour posséder la science du Droit.

Silencieux sur plusieurs matières, il est nécessaire de suppléer à ce qu'il ne prescrit pas, par d'autres règles positives que nous trouvons dans le Droit romain, qui a été admis par-tout comme la raison écrite, et qui fait une seconde partie de l'enseignement dont un Professeur est spécialement chargé.

Si les Rédacteurs du Code ont évité la dangereuse ambition de chercher à tout prévoir ; s'ils n'ont pas voulu obscurcir leur ouvrage par des décisions trop multipliées, il ne faut pas en conclure que l'intention du Législateur ait été de laisser à l'arbitrage du Juge tout ce qui n'est pas textuellement prévu.

Sans doute il faut avoir recours aux principes d'équité, lorsque la loi positive ne parle pas : mais l'expérience nous démontre que celui qui veut que ses propres lumières lui tiennent lieu de toute doctrine, ne prend que trop souvent l'équité pour ce qui n'en a que les apparences, en substituant ses raisonnemens à la place de la raison même. Ce sont donc les maximes d'équité, réduites en préceptes positifs, qu'il faut consulter ; ou, en d'autres termes, c'est le Code des Romains qu'il faut ouvrir, quand le Code des Français se tait, puisque c'est là le trésor de la raison humaine.

Une autre partie de l'enseignement doit embrasser *le Droit civil dans ses rapports avec l'administration publique.*

Dans tous les instans de sa vie, le citoyen ne cesse d'être sous la protection des lois d'administration générale. Rien n'est donc plus important que de composer un corps de doctrine sur cette partie de notre législation.

Le Français même, avant sa naissance, occupe l'attention prévoyante de la société, par l'établissement de fonctionnaires dont l'auguste ministère est destiné à ranimer le courage et l'espérance des mères, à les soulager dans les douleurs de la maternité, et à pourvoir à la conservation de l'être foible qui vient ouvrir, pour la première fois, les yeux à la lumière.

Dès qu'il est au monde, c'est à l'administration qui a protégé sa naissance, qu'il doit être présenté pour lui en assurer les titres.

Est-il abandonné? elle lui offre un asile dans les hospices destinés à recevoir les infortunées victimes du plus grand des malheurs, celui d'être repoussé du sein de sa mère.

Mineur, la loi lui donne un conseil : elle établit des écoles primaires, secondaires et spéciales, pour le développement de ses facultés, à chaque époque intéressante de sa jeunesse.

Ce qu'il se doit à lui-même et aux autres, n'est pas l'unique objet des connoissances qu'il faut qu'il acquiert, il doit apprendre aussi ses devoirs envers la Divinité; et sous le rapport d'homme religieux, comme sous celui de citoyen paisible et ami de l'ordre, il doit connoître les lois relatives aux cultes.

Parvenu à l'âge de vingt ans, la patrie qui l'a nourri et protégé dans son enfance, réclame le service de son bras, et *les lois sur la conscription* lui ouvrent la carrière des honneurs militaires.

S'il forme ou dissout l'auguste lien auquel la société doit sa perpétuité, c'est l'administration qui constate l'état dont il doit jouir.

Majeur, il acquiert un domicile propre : personne ne peut le troubler dans cet asile, hors des cas déterminés par la loi.

Veut-il quitter ce domicile? c'est de l'administration qu'il reçoit le signe de la protection qui lui est due dans tout l'empire.

Elle a tracé des routes pour voyager avec plus d'aisance et de sureté ; elle lui offre des voitures publiques : et tous ces établissemens sont soumis à des lois diverses, tant pour l'intérêt public que pour la garantie des voyageurs.

Propriétaire, le citoyen peut être forcé à aliéner son fonds pour servir à l'usage public ; mais il existe des règles pour fixer son indemnité.

Comme propriétaire encore, et comme membre de la grande famille, il est contribuable envers le Gouvernement ; et il est de son intérêt de connoître les lois portées sur les divers genres d'impôts publics.

Rentier, il peut avoir des créances sur l'état ; et cette espèce de propriété est régie par des règles particulières.

Auteur, l'homme est encore sous la protection d'une législation spéciale qui lui assure le produit de ses ouvrages.

A-t-il découvert quelqu'art utile ? un brevet d'invention lui en garantit la jouissance.

Est-il indigent ou malade ? il trouve un asile dans les hospices.

A-t-il engagé sa liberté, ou son existence libre est-elle dangereuse à la société ? il existe des maisons de force pour s'assurer de sa personne.

Tous ces établissemens sont soumis à des règles générales d'administration publique.

Le citoyen veut-il s'adonner au commerce ? un code particulier règle le mode et les effets de ses négociations commerciales.

L'administration lui ouvre des canaux de navigation intérieure, dont l'usage est régi par des lois spécialement portées pour l'intérêt général du commerce.

Sous d'autres rapports plus généraux encore, il existe des lois sur l'usage des fleuves et des rivières, prescrivant les conditions et le mode sous lesquels il·peut être permis d'y construire des établissemens, ou d'en dériver les eaux pour l'irrigation des terres.

Il en est d'autres sur le régime des douanes; sur celui des mines; sur l'administration des forêts; sur la chasse et la pêche; sur la tenue des foires et marchés.

Il en existe sur les moyens de protéger la santé des hommes et des animaux, et d'écarter les épidémies.

Le Gouvernement et les Corps de communes possèdent des propriétés confiées à des Administrateurs impériaux et municipaux, et ces divers genres de biens sont soumis à des lois d'administration qui leur sont propres.

Enfin, lorsque l'homme, terminant sa carrière, rend le dernier tribut à la nature, c'est encore l'administration qui constate le fait de son décès, et pourvoie aux honneurs de sa sépulture.

On voit, par ce coup d'œil rapide, combien les lois sur l'administration publique embrassent de choses, et combien il est intéressant de composer au moins un corps de doctrine élémentaire sur cette partie de notre Droit civil, pour que la connoissance n'en reste pas entièrement concentrée dans les bureaux des divers Administrateurs.

Un cinquième Professeur est chargé de l'instruction sur la procédure civile et criminelle.

C'est encore ici que les nouvelles Ecoles doivent obtenir un grand avantage sur les anciennes, puisque les Elèves en sortoient sans avoir aucune idée de la marche à suivre dans les diverses négociations.

Le complément de la loi se trouve dans la manière de l'exécuter : l'enseignement sera donc lui-même complet, puisqu'après avoir traité des différens droits de l'homme en société, on indiquera la manière dont il peut se les assurer et en jouir.

Cette partie renferme d'autant plus de difficultés, qu'elle est absolument nouvelle dans l'enseignement, et qu'elle n'a jamais été réduite en corps de doctrine.

Elle ne le cède à aucune autre par son intérêt, parce qu'elle se rattache presque par-tout aux questions les plus relevées du Droit public, soit en ce qui a rapport à la législation criminelle, soit en ce qui concerne la compétence des tribunaux, et la démarcation des pouvoirs constitués pour rendre la justice.

Jeunes Elèves ! que cette multitude d'objets dont je viens de présenter le tableau, ne vous décourage point ; il est sur chaque matière un petit nombre d'idées principales, d'idées mères, qui, bien saisies, vous conduiront aux conséquences les plus éloignées, avec de médiocres efforts.

Abordez vos Professeurs sans crainte ; tous rivaliseront de zèle pour lever vos doutes et vous soulager dans vos travaux.

Jetez les regards sur vos frères qui moissonnent des lauriers au champ de l'honneur ; la gloire de vaincre tous les obstacles, fait qu'ils n'en rencontrent plus. Vous avez aussi de la gloire à acquérir dans l'étude des sciences, moins éclatante sans doute, mais non moins solide : pourquoi, sans être exposés à tous les dangers qu'ils courent et à toutes les fatigues qu'ils supportent, auriez-vous moins d'émulation qu'eux ?

C'est parmi les braves qui se distinguent dans les armées, par leur courage et leurs talens, que le Chef de l'empire, à qui rien n'échappe, choisit ceux qui doivent être élevés aux dignités militaires ; c'est aussi parmi vous qu'il choisira un jour les hommes les plus distingués par leurs sciences et leurs vertus, pour les élever aux dignités de la magistrature.

Jeunes Elèves ! lorsque je vous entretiens de la carrière glorieuse que vous avez à parcourir, souvenez-vous que la science, sans la sagesse, ne peut avoir un véritable droit à nos hommages, et que les talens, sans la probité, ne sont qu'un présent funeste ; que s'ils peuvent éblouir quelque temps, leur règne doit être court, parce que tôt ou tard la vérité perce, et dès que le masque tombe, l'homme est à jamais précipité.

Jeunes Elèves! vous venez respirer sous ce beau ciel qui éclaira tant de génies, qui ont à leur tour éclairé le monde; les Bossuet, les Buffon, les Bouhier, les Rameau, les Crébillon, les Fevret, et tant d'autres.

Puissent les hommages que nous rendons à leur mémoire, près de leurs berceaux, exciter en vous la noble émulation de suivre leurs traces, et d'obtenir un jour les honneurs qu'ils ont mérités!

Vous êtes placés dans une cité célèbre par l'aménité de ses habitans, par la pureté de son langage, par les grands talens qu'elle a produits et ceux qu'elle possède encore.

Sans sortir de cette enceinte, vous trouverez des exemples dans les Magistrats éclairés qui composent le Conseil de discipline (1) et le Bureau d'administration (2) de cette Ecole; vous y trouverez des modèles dans les orateurs éloquens (3) qui font partie de ce Conseil.

Que celui qui auroit le malheur d'être insensible à tant d'avantages réunis, se retire; qu'il s'éloigne, son ame glacée n'est pas faite pour les sciences.

---

(1) MM. *Virely*, Juge en la Cour d'appel, Doyen d'honneur de ce Conseil;

Larché, Président de la Cour d'appel, Membre du Corps législatif et de la Légion d'honneur;

Morisot, Président de la Cour de justice criminelle, et Membre de la Légion d'honneur;

Dézé, Procureur général près la Cour de justice criminelle, et Membre de la Légion d'honneur;

Maurier, Juge à la Cour d'appel;

Lesage, Juge à la Cour d'appel.

(2) MM. *Riouffe*, Préfet de la Côte-d'or, Membre de la Légion d'honneur;

Durande, Docteur en médecine, Maire de Dijon.

(3) MM. *Ballant*, Procureur général près la Cour d'appel;

Bouchard, Avocat, Docteur en droit;

Jacquinot, Avocat, Docteur en droit;

Les trois aussi distingués par leur érudition que par leur rare éloquence.

Jeunes Elèves!...... Messieurs! il n'y a que quelques années que la science fut souvent un titre de proscription : elle est aujourd'hui le chemin des honneurs.

Le citoyen paisible gémissoit sous la servitude des factions qui déchiroîent la France : la sécurité la plus parfaite a succédé à la stupeur la plus affreuse.

La liberté et la propriété étoient menacées à tout instant : elles sont aujourd'hui sous la sauvegarde inviolable des lois.

L'homme vertueux n'osoit adorer l'Être suprême à sa manière : à présent le domaine des consciences est respecté.

La France flottante entre tous les partis tour-à-tour dominans, étoit sans cesse au bord de sa ruine : le sort de l'empire est inébranlablement fixé ; le citoyen peut avec assurance se livrer à tous les genres d'industrie et de spéculation.

La gloire du nom français retentit jusqu'aux extrémités de la terre ; chacun de nous s'enorgueillit de porter ce titre.

Mais à qui devons-nous tant de bienfaits? — A l'auguste Monarque qui nous gouverne.

Malheur à nous si l'histoire nous accusoit d'ingratitude, quand nos neveux lui élèveront des autels ! Mais non : que les accens de notre reconnoissance retentissent plutôt jusque dans la postérité la plus reculée, lorsque nous nous écrions tous : Vive Napoléon-le-Grand ! vive l'Empereur !

DISCOURS

*PRONONCÉ par M^r. GUILLEMOT, Professeur
de Droit romain.*

Duobus potissimùm innixæ fundamentis, armis videlicet et legibus, vigent et efflorescunt gentes; Viri undequaquè ornatissimi, atque spectatissimi.

Arma imperii possessiones tuentur atque amplificant, securitatem intùs pariunt, et foris auctoritatem, viam expandunt tutissimam ineundis commerciis quibus privatæ publicæque opes adaugentur; territorium deniquè longè latèque patens, omni injuriâ defensum, vel pacis quam sola plerumquè retinet militaris fama, vel si quandoquè pax fuerit dissoluta, victoriæ fructibus ornant.

Non minora, minori tamen cum strepitu, conficiunt leges quæ sunt firmissima societatis vincula, potentissimaque publicæ felicitatis instrumenta.

Hæc legum prima est utilitas, ut sint actionum humanarum normæ, ac indeprehensâ et continuâ illarum actione mores sensìm ad honestatem inflectantur; altera ut juris auctoritate suum quisque tenere possit, et bona, existimationem, vitamque ab improborum aggressione sartam tectam servare.

Leges magistratibus tribuunt obsequium, infimis benevolentiam, oppressis tutelam, et omnibus illam justitiæ æqualitatem quæ est certissimum civilis concordiæ fundamentum.

Quod inter tot malesuadas hominum cupiditates securi et incolumes vivimus, quod populum unum, et unam propè familiam mutuis devinctam officiis, et communi temperatam disciplinâ constituimus, quod patriam habemus et diligimus, id profectò donum est legum, sine quibus nec fingi nec consistere humana societas potest.

Ad stabiliendam autem rempublicam, parùm leges sine armis,

et arma sine legibus prodesse comprobat irrecusanda rerum præ-
teritarum fides. Populi nimirùm qui bellicam laudem plus æquo
sunt aucupati, et dum jura vicinis dabant, eadem sibimetipsis
constituere neglexerunt, post brevissimam lucem, instar fulgu-
ris, in tenebras abiêre. Vicissìm gentes quæ curatis parùm armis
suæ saluti satis legum sapientiâ prospectum putaverunt, imbelles
sed meliori dignæ fortunâ, sub primo vis armatæ impetu cecidêre.

Quod si scrutari velimus quisnam populus inter cæteros poten-
tiâ et diuturnitate prævaluerit, illud haud dubiè reperietur qui
utramque et civilis sapientiæ et rei militaris laudem tam enixè
quàm feliciter consociaverit.

Talis extitit populus ille romanus qui, cum interiturâ nunquàm
nominis sui celebritate, tot et tam imitabilia, in omni disciplina-
rum genere, exempla reliquit.

Quid enim unquàm romanis initiis fuit exilius, et quomodò
debilis pastorum et exulum turba orbis magistra gentiumque do-
minatrix facta est ?

Roma in armis sua infixit cunabula, adolevit in armis, crevit in
armis, et illâ bellicâ virtute ad quam acuendam nihil reliquit
intentatum, in quâ similem non reperiit, nec felicem satis æmu-
latorem, eò devenit ut populos omnes successìm debellatos uno
sub dominatu inclusivit.

Quânam autem arte, imperium tam amplum, tam ingeniis et
moribus diversum, tot et tam malè cohærentibus conflatum partibus, per longissimam ætatum seriem valuit retinere ?

Id in aperto est, Viri spectatissimi; orbem terrarum mirâ trium-
phatum fortitudine, eximiâ legum sapientiâ temperavit.

Enim verò quamvis omnes penè populi sapientissimas sibi con-
dere leges, aut conditas custodire studuerint, constat Romanos
longè excellentiùs quàm cæteros, in hâc præstantissimâ, ac divinâ
propè arte fuisse versatos; quorum leges tam singularem, tam
manifestam spirant æquitatem atque prudentiam, ut terrarum
ubiquè in patrii juris communionem fuerint accersitæ, adeò ut
populus ille romanus sibi hodiè superstes victoribus suis adhuc
imperet, quippè qui fasces Martis aleâ amissos, perenni rationis
auctoritate recuperavit.

Ex his colligere datur, Viri spectatissimi, et sanè absque témeritatis et superbiæ notâ prædicare quàm firmissimis conquiescat stabilimentis, quàm certissima diuturnitatis et splendoris exhibeat specimina imperium illud gallicum quo nullum unquàm extitit armis et legibus potentius.

Alter de militari Gallorum præeminentiâ, et gloriâ dicendo vocem, si per vires liceat, rerum magnitudini exæquare aggrediatur.

Quid hìc verbis opus est, ubi facta tam altè conclamant, tam magnificè loquuntur?

Diserti sat estis gallicæ virtutis præcones, campi italici, campi germanici, ad hujus imperii gloriam perpetuum in ævum memores, in quibus toties fulmineo et ineluctabili armorum nostrorum impetu fractæ et deletæ sunt hostium acies, ubi tam insueta fortitudinis edita sunt facinora ut forsan eorum apud venturas ætates dubia erit fides, et inter fabulas ostentatoriè confictas reponentur.

Ejusdem tu testis es sanè quidem satis idoneus, Europa universa contra Galliam nuper tam infesto quàm pertinaci fœdere conjurata, atque hodiè tam fortiter et superbè triumphata.

Testes vos quoque estis satis nobiles et conspicui, quotquot adestis in Europâ principes vel è solio dejecti, vel victoris nutu aut liberalitate regnantes.

Gratulemur Imperatori quo nunquàm in bello et in armis majorem vel parca effinxit natura, vel prodigua nimis et fabulosa ornavit antiquitas; quo imperante Gallia tantùm semetipsam superavit quantùm anteà cæteros superaverat populos; qui inoffenso victoriarum cursu belli spatia peragrans suam præsentem gloriam novis semper obscurat miraculis; cujus deniquè magnanimitate et prudentiâ imperium illud, tot tempestatibus agitatum, tot bellis tam domesticis qnàm externis vexatum, ad hunc potestatis gradum deductum est, quem tremendo miratur orbis anxiè expectans quisnam tantarum rerum extiterit exitus, et nescius quibus deinceps legibus sit pariturus.

Magnum est, Viri spectatissimi, hostes sic debellare, et triumphos triumphis, regna regnis addere : sed imperium virtute com-

paratum , victoriâ amplificatum, legibus prudentissimè conditis
insignire et componere non magnum minus est et præclarum ,
et hæc est altera laus quam quæsitam Imperator sibi vindicavit.

Meministis qualis fuerit apud nos , paucis abhinc annis, legum
civilium status.

Quot erant ferè in Galliâ civitates , tot dissimilia extabant jura ,
et populus unus ejusdem imperii communione devinctus plures
videbatur includere populos usibus atque legibus dissociatos. Vete-
res ubiquè adhuc imperabant , sed solo senectutis jure consue-
tudines, ex rudium ætatum ignorantiâ profectæ , et tam à communi ratione , quàm ab hodiernis necessitatibus alienæ. Antiquis
illis legibus novæ successu temporum fuerant superadditæ , sed
absque cæmento , atque ullâ in eodem consilio constantiâ. Hisce
variegata mixturis, gallica ita creverat jurisprudentia, ut vulgares
ingenii vires penitùs superaret. Ex legum diversitate nata erat
incertitudo , ex contrarietate nullitas, ex multitudine ignoratio.
In illâ rerum conditione , cernere erat deceptam prorsùs legis-
latoris providentiam , siquidem leges ad tuendam proborum hominum simplicitatem institutæ , mutatâ naturâ, litigatorum ma-
litiæ tela ministrabant. Justitia erat obducta velo, non illo quod
ingeniosè tributum finxerant poetæ ad celandas disceptantium
personas, sed ita densato ut ne jus quidem ipsum ei secernere
liceret.

In illo posita discrimine Gallia solertem et strenuam expectabat
manum quæ illam ab intolerabili legum pondere sublevaret, quæ
antiquas senio nimis prægravatas renovaret, novas novo submit-
teret calculo, utrasque ad unitatem et concordiam adduceret; quæ
juris deniquè summam in moderatis includens terminis, scientiam
quæ omnes tangit, omnibus redderet apertam atque parabilem.

Huic expectationi vanis diù delusæ imaginibus primus respondit
vir (1) quantùm dignitate eminentissimus, tantùm ingenio cla-
rissimus, quippè qui viam tantæ molis operi explanavit, exhibito
scilicet restaurandarum legum exemplari in quo singularis illa

---

(1) Monseigneur le Prince Archichancelier de l'Empire.

elucet doctrina atque sapientia , tot aliundè publicis quotidiè
monumentis comprobata.

Verum quod tunc propter temporum et ipsius rei molestiam
non licuit, id impedimentorum nescius et eumdem inter legis-
latores quàm bellatores inter gradum assumens NAPOLEO MAGNUS
confecit.

Ex diligentissimâ nec non accuratissimâ quam ipse ingenii sui
notâ impressit, deliberatione prodiit ille Codex civilis, unus uni-
versis imperii partibus sufficiens, brevitate opulentus, luciditate,
ordine, et solerti variorum quibus anteà utebamur jurium con-
cordiâ conspicuus, quem jam nobis invidet Europa, quem mox
per vices sequentur cæteræ juris partes ; adeò ut Gallia corpus
legum firmissimo juventutis robore donatum , cumulatâque an-
tiquitatis et præsentis sæculi experientiâ locupletatum brevi sit
gentibus ostentatura.

Sed non satis est, Viri spectatissimi, optimas habere leges : quid
enim prosunt vana signa inanimis impressa codicibus ? Suscitentur
oportet muta illa oracula ; necesse est ut in civium animis spi-
rent, ut exaudiantur in foro, et magistratuum voce vires suas et
majestatem explicent.

Hoc autem beneficium juris scholarum munus est, quæ studiorum facilitate jurisprudentiæ amorem et usum propagant, quarum ope leges ubiquè diffusæ, ubiquè præsentes, in civium utilitatem convertuntur, et suas in ornandâ fulciendâque republicâ
partes usurpant.

Extabant jampridem ad belli rudimenta Martis palæstræ in
quibus heroum filii ætatis tarditatem incusantes, et ficta res-
puentes prælia ad veriores aspirant labores , et adhuc pueri gi-
gantea parentum facta meditantur.

Imperiali cum munificentiâ exstructa ubicunquè cernimus gym-
nasia, ubi non artes et scientiæ duntaxat edocentur quæ ad tutelam splendoremque imperii spectant, sed illæ etiam quæ ad
exquisitiorem ingenii cultum pertinent.

Idem sanè beneficium et jure non impari reposcebat atque
adepta est juris scientia cujus cum civilis societatis regimine tam

arcta est conjunctio, ex quâ tota pendet magistratuum dignitas, et judiciorum auctoritas, quâ neglectâ nihil est quod inter homines certum et stabile esse possit.

Nostrum est qui hujus doctrinæ explanandæ munere donati sumus, ita et quantùm per vires licebit suscepto defungi officio, ut dignos justitiæ ministros, oculatosque legum defensores et interpretes reipublicæ provideamus.

In illâ autem solemni die quâ redivivam juris Scholam aperimus, sinite, Viri spectatissimi, nos aliquantùm in obviis hujus futuræ prosperitatis pignoribus immorari.

Unum occurrit, et quidem indubitatum, ex ipsâ scholarum sede et situ desumptum.

Ubinam enim propitius magis juris academiæ locus assignari potuit, quàm civitas in quâ innata viget ad omnem ingenii cultum propensio, et scientia quælibet vel cultores habet eximios, vel fervidos approbatores; ubi summa loci tranquillitas quam nec armorum tumultus nec negotiorum et commerciorum curæ conturbant, ad pacis artes, et scientiarum studia tam suaviter invitant; in quâ deniquè memoriâ et imaginibus percelebrium virorum quorum in omni litterarum genere felicissima fuit parens, tam potenter adolescentes ad cujuslibet doctrinæ æmulationem promoventur?

Hìc propè juris stadia, suprema exsurgit Curia quæ est altera jurisprudentiæ schola, ubi leguleii tirones non jam otiosas et inertes cernere poterunt leges, sed viventes, activas, et ad oblatos litium casus prudenter, æquitate duce, deductas.

Illic adest Forum cui nihil ex antiquâ suâ celebritate per temporum acerbitatem decedit; in quo viri pauci quidem numero, sed indefesso utilitatis publicæ studio multiplicati, juris alumnos ad eamdem quam adepti sunt laudem suis incitabunt exemplis, et ad eos fori lumen et eloquentiæ gloriam quasi continuatâ serie transmittent.

Hæc sunt certissima hujus Scholæ adjuvamenta, verùm roboris quantùm et dignitatis ex viris suo regimini præpositis mutuatur.

Sedulò quippe huic invigilat et exemplo præest supremus impe-

rialium studiorum Præfectus (1), qui ipse in Scholis publicis scien-
tias quarum propagavit fines, profitendo tantùm illis splendoris
confert, quantùm ab ipsis accipere noscitur.

Inspectat illam primariæ imperii Curiæ Præses (2), tam justitiæ
et legum cultor religiosissimus quàm prudentissimus interpres.

Hanc deniquè proximè moderantur et regunt Viri hujus civitatis
doctrinâ, publicæ rei studio et dignitatibus eminentissimi.

Vos quoque hujus Scholæ ornamentum eritis, atque decus,
Adolescentes optimi, quos in militiæ inermis numeros adscriptos
videt. Ex eo animo quo ad juris studia approperastis, jam licet au-
gurari quàm uberes aliquandò fructus ex vestrâ diligentiâ sint ex-
tituri. Ad doctrinæ laudem comparandam eloquentia satis undiquè
vobis occurrunt adhortamenta. Ubinam enim grandiora quàm in
hoc regno studiorum præmia datur expetere ? cuilibet apud nos
pariter ad honores aperta est atque expedita via, et illi meritis
passìm et virtutibus, absque ullo fortunæ et generis discrimine
tribuuntur. Illud etiam specialiter obtinet quod per juris scientiæ et civilis doctrinæ commendationem ad gradus et distinctiones
potissimùm sternitur aditus.

Inspicite nimirùm tot insignes Viros in ministeriis, in Impe-
ratoris consilio, in senatu, in præcipuis reipublicæ muneribus,
solo juventutis in assiduis utilibusque studiis transactæ adsidentes.

Haud equidem ignoro tantam spem non omnibus esse con-
cessam : rarissima enim hæc præmia rarissimis ingeniis assignan-
tur. Sed quàm altiora non appetentibus plurima legitimaque
laborum proponitur merces! Vos advocat nobilis fori palæstra ;
vos honoratissima appellant judicandi administrandique munera.

Nec vos deterreat severa forensium studiorum facies. Non spargit
equidem jurisprudentia flores ut poesis. Juvenilibus non arridet
mentibus ut molles et ingeniosæ illæ fictiones ad merum animi
oblectamentum compositæ ; sed quàm sincerioribus emulcet ille-
cebris eos qui aliquem veri rectique gustum habent !

---

(1) M. *Fourcroy*, Conseiller d'état, Directeur général de l'instruction publique.

(1) M. *Vieillard*, Président de la Cour de cassation.

Quid enim ingenio virili dignius quàm eximiam illam juris artem investigare quâ invisibilibus quodammodò ligaminibus connexa ordinatur societas, et in quâ totum illud exhibetur quod à sapientissimis omnium ætatum hominibus ad communem utilitatem inventum atque constitutum est?

Quid rationi magis appetendum quàm in æternis inhærere justitiæ et naturæ præceptis, et boni et æqui notionibus, quibus in colendis sita est vitæ honestas, et in negligendis turpitudo?

Quid homini impositam sibi à naturâ et societate personam sustinere volenti optabilius quàm dignoscere quid in diversis vitæ casibus et formis ab aliis possit impetrare, quid ipsemet illis vicissìm præstare debeat?

Totis igitur incumbite viribus illis studiis quibus nulla extant hominis dignitati magis convenientia, nulla civili societati magis utilia, nulla excolentibus fructuosiora.

Ut autem integrum ex vestris laboribus fructum percipiatis, longè abjicite inanes et pueriles illas doctrinas quæ animum à vero abducunt et futilitati detinent. Ingeniis ad nobilem et excelsam, tum dicendi, tum cogitandi, vim aspirantibus relinquenda sunt ista otiosarum mentium negotia. Solidiori cibo vos pasci necesse est, ut ad plenum robur accedatis.

Nolite in otio torpentes vel in nugis negotiosi sine honore senescere, et optimas naturæ dotes miserè atque iniquè deperdere. Non nobis duntaxat, sed patriæ nati sumus quæ quemadmodùm fortunæ dona, ita ingenii fructum jure suo reposcit. Illius igitur voto respondete, et scientiæ thesauris locupletati locum inter cives de ipsâ quondam benè merituros assumite.

Gallici heroes satis abundè patriæ debitum, ipso signante viam Imperatore, persolverunt. Vos, illam quam tot illustrârunt miraculis, eamdem pacis virtutibus et civili doctrinâ adornate. Sic legibus et armis invicem in reipublicæ præsidium conspirantibus, Gallia ad nova splendoris sæcula properabit.

A Dijon, chez Bernard-Defay, Imprimeur de l'École de droit. 1806.